Liebe Leserin,
lieber Leser!

Engel sind für viele Menschen mehr als nur Botschafter des Himmels, sie sind ihre Wegbegleiter im Alltag. In der Kunst zeigt es sich, wie verschieden Gestalt und Ausstrahlungskraft der Engel sein können. Die Engel in diesem Buch gleichen sich nur in einer Hinsicht: Sie wurden alle mit Acrylfarbe gestaltet. Ob klassisch, edel-zurückhaltend oder poppig, in diesem Band versammelt sich eine kunterbunte Engelschaar, die darauf wartet, von Ihnen, liebe Leserin und lieber Leser, nachgearbeitet zu werden. Neben zahlreichen Vorlagen finden Sie viele nützliche Tipps zum Thema Acrylmalerei, die Sie mögliche Anfangsschwierigkeiten schnell überwinden lassen.

Viel Spaß beim kreativen Gestalten wünscht Ihnen

Ihre

Inhaltsverzeichnis

Kleine Materialkunde

Die künstlerische Verwendung von Acrylfarbe

Aufgrund der kurzen Trocknungszeiten ermöglichen Acryl- oder Kunstharzfarben eine spontane Arbeitsweise. Sie können dazu nicht nur plakativ, sondern auch ganz zart aufgetragen werden, wenn man die Farben mit entsprechend Wasser verdünnt. Man spricht in diesem Fall von einem lasierenden Farbauftrag. Nach dem Trocknen sind Acrylfarben wasserfest. Die Farben sind sehr intensiv und bestechen durch große Leuchtkraft. Mit Acrylfarbe lässt sich auf jedem stabilen Untergrund wie Malpappen, Holzplatten, entfetteten Metallplatten, Keilrahmen oder Aquarellkarton arbeiten. Holzplatten und rohe Leinwände sollten allerdings vorher mit einem saugenden Kreidegrund grundiert werden.

Keilrahmen

Von der richtigen Grundierung eines Künstlergewebes hängen die Saugfähigkeit, die Leuchtkraft der Farben und die Haltbarkeit des Gemäldes ab. Sie können die Leinwände entweder selbst grundieren oder auf bewährte vorgrundierte Keilrahmen im Bastel- und Künstlerbedarf zurückgreifen. Bei den Keilrahmenformaten hat der Künstler heute die Qual der Wahl: Vom quadratischen Minirahmen bis zum Sonderformat in Übergröße ist im Fachhandel alles erhältlich. Achten Sie beim Kauf darauf, dass das Gewebe nach hinten umgeschlagen und nur rückseitig geklammert ist, so können die Seiten in die Bemalung mit einbezogen werden. Keilrahmen mit einer doppelten Tiefe von 3,8 cm wirken besonders dekorativ, sind aber im Handel noch nicht in allen Größen erhältlich.

Farbzusätze

Mit Hilfe von Strukturpasten und anderen Malmitteln lassen sich hübsche Effekte erzielen. Auch für das experimentelle Malen sind diese Medien eine Bereicherung. Solche Effektmittel sind zum Beispiel Strukturpasten mit grober Körnung. Sie eignen sich für Sand- und Schneeeffekte oder zum Granulieren. Feinkörnige Strukturmassen und Leichtstrukturmassen (oder -pasten) kommen für feine Sandeffekte oder zum reliefartigen Gestalten mit Schablonen zum Einsatz. Sie eignen sich aber auch für stark plastische Strukturen oder Materialcollagen. Modellierpasten sind noch cremiger als Strukturpasten, es gibt sie in Weiß, Silber, Gold und Graphit. Die Trocknungszeit sollte immer mit einkalkuliert werden und beträgt je nach Schichtdicke zwei bis 24 Stunden. Strukturgele sind transparent und glänzend, es gibt sie mit und ohne Glitterzusatz.

Unentbehrliche Helfer

- Pappteller (zum Anmischen von Farben)
- Wassergefäße (z. B. Buttermilchbecher)
- Küchenrolle, alter Lappen
- altes Hemd (zum Schutz der Kleidung)
- Schere, Cutter
- Klebefilm, Malerband
- Transparentpapier, Durchschreibepapier
- Lineal, rechter Winkel
- Bleistift oder Silberstift

Pinselkunde

Der Fachhandel hält spezielle Pinsel für die Acrylmalerei bereit. Die Pinsel müssen nach Gebrauch und auch zwischendurch immer sorgfältig gereinigt werden (Acrylfarbe mit Wasser und Seife auswaschen, solange sie nass ist). Eingetrocknete Pinsel sind praktisch nicht mehr zu gebrauchen.

Für die Pinselstärke gilt eine einfache Faustregel: Für großflächiges Arbeiten und Grundierungen breite Pinsel verwenden. So genannte Flachpinsel sind bis zu einer Breite von 25 cm erhältlich. Für Feinheiten und enge Bereiche hingegen zu dünnen Pinseln greifen.

Ein und denselben Pinsel niemals für unterschiedliche Zwecke, etwa Aquarell- und Acrylmalerei, verwenden. Die Borsten werden dadurch brüchig und spreizen sich.

In der Einstiegsphase ist es durchaus angebracht, günstige Pinsel aus dem Baumarkt zu verwenden. Für ein perfektes Ergebnis sind echte Künstlerpinsel aus dem Fachhandel ihr Geld allerdings wirklich wert.

Kratzen, Schaben, Spachteln

Acrylfarben und Pasten aller Art können nicht nur mit dem Pinsel aufgetragen werden. Es gibt unterschiedliche Spachtel und Malmesser, mit denen sich tolle optische Effekte erzielen lassen.

Für großflächiges Gestalten eignen sich Japanspachtel und Strukturspachtel mit unterschiedlichen Zahnungen an allen vier Seiten sowie Flächen- und Malerspachtel. Für feine, gezielt gestaltete Strukturen, wie Blüten und Blätter, sind Malmesser

mit 3 cm bis 10 cm langen, elastischen, schmalen Klingen die bessere Wahl. Eine günstige Alternative zu breiten Spachteln stellen zugeschnittene, ausreichend stabile Pappstücke dar.

Dekorative Gestaltungsmittel

Acrylmalerei als moderne Technik ermöglicht hervorragend Kombinationen mit verschiedensten Gestaltungsvarianten und -materialien, zum Beispiel der 3-D-Technik:

- Collagen aus Karton, Seidenpapier, Wolle, Bast, Drahtgeflecht, Paketschnur, mit Mosaiksteinen oder Spiegeln, eingebettet in Strukturgel oder Modellierpasten
- Serviettentechnik auf Keilrahmen
- Vergolden und Versilbern mit Schlagmetall
- Beglitzern mit Hilfe von Bastelkleber und Fitter

Der künstlerischen Gestaltungsfreiheit sind keine Grenzen gesetzt. Wichtig ist lediglich das Beachten der Herstellerangaben auf den jeweiligen Produkten.

Fertige Bilder schützen

Mit Firnisspray oder Klarlack auf Acrylbasis lässt sich ein Acrylgemälde viele Jahre konservieren. Im Fachhandel sind verschiedene Lacksorten – matt, glänzend und seidenmatt – erhältlich. Auf die Weise geschützte Werke nehmen auch ein feuchtes Staubtuch nicht übel.

Grundkurs Acrylbild gestalten

Grundmaterial

- *Keilrahmen, z. B. 30 cm x 30 cm*
- *Lichterkette in Weiß, mit 10 Lämpchen*
- *Marabu-BasicAcryl in Weiß, Wildrose, Magenta, Mittelgelb, Zartblau, Lavendel, Schwarz, Kirschrot, Sand*
- *Acrylmalpinsel, Größe 4, 10, 14*
- *Transparentpapier, Durchschreibepapier*
- *evtl. Pappteller (zum Anmischen der Farbe)*
- *harter Bleistift, Cutter, Bastelkleber*
- *Flitter ultrafein in Fuchsia, Zahnstocher*

1. Das Engelmotiv vom Vorlagenbogen auf Transparentpapier übertragen und auf die unbemalte Leinwand legen. Das Durchschreibepapier mit der färbenden Schicht nach unten zwischen Transparentpapier und Leinwand schieben und erneut alle Linien auf der Transparentpapiervorlage nachziehen.

2. Mit dem Pinsel und schwarzer Farbe alle Linien außer Gesicht, Lämmchen und Hände nachziehen – die Linien sollen 4–5 mm breit sein, da sie bei diesem Bild ein wichtiges Gestaltungselement darstellen. Dieser Arbeitsschritt erfordert noch kein exaktes Arbeiten, da die Linien später korrigiert werden können. Die Farbe trocknen lassen, den Pinsel sorgfältig ausspülen.

3. Den Hintergrund ausmalen. Dabei die Farbe bis dicht an die schwarze Kontur heranmalen bzw. diese sogar übermalen, um die Linien etwas zu begradigen. Ideal für den Farbauftrag ist ein Flachpinsel in den Größen 10–14. Helle Farben, wie hier das Gelb, die transparent auftrocknen, sodass das übermalte Schwarz durchschimmert, mehrfach auftragen. Mit dem neuen Farbauftrag warten, bis die vorausgehende Schicht trocken ist. Mit Gelb bzw. Schwarz so lange korrigieren, bis Sie zufrieden sind. Bei den Wolken ebenso verfahren.

4. Die Wolken werden mit ein paar lockeren Pinselstrichen in einem Mischton aus Magenta und Zartblau strukturiert. Je nach gewünschtem Effekt können Sie die Struktur in die nasse Farbe, also lasierend, oder auf den trockenen Untergrund auftragen. Rock und Flügel flächig in Magenta bzw. Wildrose ausmalen. Auch hier die Farben bis dicht an die Kontur heranziehen.

5. Den Rock mit einer nassen Farbmischung aus Weiß und Magenta großzügig strukturieren. Das Schäfchen lasierend in Weiß und Wildrose gestalten. Die Hautpartien ausmalen. Feine Linien, wie z. B. Gesichter, mit einem Pinsel Größe 3–4 auf den trockenen Untergrund aufmalen.

6. Um ein Bild mit einer Lichterkette auszuschmücken, mit dem Cutter je nach Anzahl der Lämpchen Kreuzschlitze in die Leinwand schneiden. Die Positionen vorher mit Bleistift markieren. Dann die Lämpchen aus der Fassung ziehen, die Fassungen von hinten gegen die Leinwand halten und die Lämpchen von vorne aufstecken. Mit Bastelkleber, der transparent auftrocknet, beidseitig die Montageränder bestreichen.

Tipp: *Das Bild kann nach Belieben mit transparentem Acryllack überzogen und mit Flitter bestreut werden. So entsteht ein zusätzlicher Glitzereffekt, wenn die Lämpchen leuchten.*

Auf Wolke sieben

1. Die Leinwand in Mittelgelb und Elfenbein grundieren. Der Verlauf entsteht durch das zügige Ineinandermalen der feuchten Farben. Alles trocknen lassen.

2. Das Engelmotiv vom Vorlagenbogen mit Hilfe von Tansparentpapier und Durchschreibepapier auf den Hintergrund übertragen (siehe Grundkurs auf Seite 6).

3. Das Motiv gemäß Abbildung farbig gestalten. Dabei mit dem Karomuster der großen Wolke in Orange und mit Weiß aufgehelltem Magenta beginnen. Zunächst nur das Grundkaro anlegen.

4. Den Rock des Engels in Lavendel ausmalen, die Bluse in Reseda. Die Knöpfe in Kirschrot, den Schal in Mittelblau und die Socken in Arktis mit kirschroten Herzen gestalten. Für den gestreiften Ärmel Magenta und Arktis, für die Haare Hellbraun, für die Schleife Orange verwenden. Die Flügel bleiben weiß.

5. Die Wolken in wässrig verdünntem Kirschrot, nach Belieben noch einige Sterne in Mittelblau auftragen.

6. Die Hautbereiche in Milchkaffee bemalen, die Gesichtszüge gemäß Abbildung sorgfältig mit einem feinen Pinsel einzeichnen. Die rötlichen Wangen mit lasierendem Kirschrot aufbringen. Alles trocknen lassen.

7. Das Blümchenmuster des Rockes mit dem Zahnstocher und weißer Farbe auftupfen. Die Haarschleife ebenso mit gelben Punkten versehen. Trocknen lassen.

8. Zum Schluss den Engel und die Wolken mit Deco Painter in Hellblau konturieren. Damit auch das feine Gitterkaro der großen Wolke, die Zopfschleifen und die Bluse ausgestalten. Nach dem Trocknen das ganze Bild mit einer Schicht Acryllack überziehen.

Tipp: *Achten Sie darauf, dass die Farben trocken sind, bevor Sie das Bild mit Deco Painter ausgestalten, da der Stift sonst verstopfen könnte.*

Material

- Keilrahmen, 30 cm x 40 cm
- *Marabu-BasicAcryl in Mittelgelb, Elfenbein, Orange, Magenta, Weiß, Mittelblau, Hellbraun, Milchkaffee, Lavendel, Reseda, Arktis, Kirschrot*
- *Marabu-Deco Painter in Hellblau*
- *Zahnstocher*
- *Acryllack, transparent*
- *Grundmaterial (siehe Seite 4 und 6)*

Vorlage 1, Bogen A

Fröhliches Trio

1. Den Keilrahmen im Farbton Vanille grundieren und trocknen lassen.

2. Die Umrissform der Engel mit Transparentpapier von der Serviette abnehmen und mit Durchschreibepapier auf den Keilrahmen übertragen (siehe hierzu auch Grundkurs auf Seite 6). Die Engel gemäß Abbildung oder nach Belieben anordnen.

3. Die Engelformen mit weißer Farbe sorgfältig ausmalen. Um weiße Blitzer zu vermeiden innerhalb der Form bleiben. Die Farbe trocknen lassen.

4. Die Engelmotive exakt aus der Serviette ausschneiden, die beiden unteren, unbedrucken Schichten abziehen. Die weiß grundierten Engel mit Serviettenlack bestreichen und die Serviettenmotive auflegen. Anschließend über jedem Engel eine zweite Lackschicht auftagen, dabei eventuelle Falten mit dem Pinsel glätten.

5. Nach Belieben Sterne, Herzen und Monde vom Vorlagenbogen auf entsprechende Stellen der Servietten übertragen und ausschneiden. Ebenso wie die Engel auf dem Bild anordnen.

6. Nach dem Trocknen das gesamte Bild mit transparentem Acryllack überziehen und die Flügel – solange der Lack noch feucht ist – mit Flitter ultrafein in Gold bestreuen. Den Lack trocknen lassen, überschüssigen Flitter abschütteln.

7. Zum Schluss die Frisuren der Engel mit karierten Schleifen dekorieren.

Material

- Keilrahmen, 20 cm x 40 cm
- Engelserviette (von Rayher)
- Marabu-BasicAcryl in Vanille, Weiß
- Marabu-Servietten-Lack & Kleber
- Karoband in Rot-Weiß (ca. 5 mm breit)
- Flitter ultrafein in Gold
- Pinsel, Größe 14
- Acryllack, transparent
- Bastelkleber
- Grundmaterial (siehe Seite 4 und 6)

Vorlage 2, Bogen A

Himmlischer Bote

1. Den Engel vom Vorlagenbogen auf Transparentpapier übertragen: Das Durchschreibepapier mit der färbenden Seite nach unten auf den Keilrahmen legen und das Transparentpapier darüber platzieren. Alle Linien auf dem Transparentpapier erneut mit einem harten Bleistift nachfahren.

2. Die durchgezeichneten Linien sind bei diesem Bild ein Gestaltungselement und werden zum Beispiel bei den Haaren und den Kleiderfalten nicht übermalt.

3. Für das Kleid den Farbton Arktis wässrig anmischen und lasierend auftragen. Die Falten gemäß Abbildung mit Hellblau vertiefen. Den Gürtel in Hellblau aufmalen. Den Umhang im Farbton Vanille grundieren, die Faltenzeichnung mit Sand nachziehen. Nach dem Trocknen die Falten mit wässrig angemischtem Farbton Sand hervorheben.

4. Die Haare des Engels bleiben weiß, jedoch einige Strähnen mit Hellblau hervorheben.

5. Hände, Gesicht und Dekolleté im Farbton Milchkaffee anlegen. Für die Schattenpartien sowie für Lippen, Nase und Augenbrauen aus Hellbraun und Milchkaffee einen etwas dunkleren Hautton anmischen und mit einem feinen Pinsel auftragen. Die Augen vorsichtig mit verdünntem Schwarz aufmalen, die Lider hellblau abschattieren.

6. Für den Bildhintergrund die leichte Spachtelmasse mit dem Farbton Elfenbein mischen und mit dem Malmesser auftragen. Mit grober Spachtelmasse bewusst unruhige Akzente setzen.

7. Flügel und Heiligenschein mit farblosem Lack bestreichen. Den Flitter in drei Farben mischen und in den feuchten Lack streuen. Je nach Geschmack können auch der Hintergrund und das Kleid mit Flitter verziert werden, dazu vorher ebenfalls mit Lack bestreichen. Überschüssigen Flitter nach dem Trocknen vorsichtig abklopfen.

Material

- Keilrahmen, 30 cm x 40 cm)
- Marabu-BasicAcryl in Arktis, Hellblau, Vanille, Sand, Hellbraun, Milchkaffee, Elfenbein, Schwarz
- Durchschreibepapier in Blau
- Marabu-Leicht-Strukturpaste
- Marabu-Strukturpaste, grobkörnig
- Pinsel, Größe 4, 8, 12, Malmesser
- Flitter ultrafein in Gold, Rosa, Hellblau
- Acryllack, transparent, seidenmatt
- Grundmaterial (siehe Seite 4 und 6)

Vorlage 3, Bogen B

Engelchen mit Posaune

1. Das Engelmotiv vom Vorlagenbogen mit Hilfe von Durchschreibepapier und Transparentpapier mittig auf den unbemalten Keilrahmen übertragen (siehe Grundkurs auf Seite 6). Mit Bleistift und Lineal einen 4 cm breiten Rand um das Bild ziehen.

2. Den Bildhintergrund innerhalb des angezeichneten Rahmens in Mittelblau anlegen, dabei den Engel und die Sterne aussparen (siehe Abbildung). Für die schmalen Zwischenräume innerhalb des Engelmotives einen feinen Pinsel verwenden. Trocknen lassen.

3. Das Kleid in Hellblau ausmalen. Nach dem Trocknen mit einen Zahnstocher die feine Stickerei in Mittelblau aufpunkten. Die Flügel werden im Farbton Arktis gestaltet. Als Hautton den Farbton Milchkaffee, für die Haare und die Sterne den Farbton Zitron verwenden. Anschließend etwas feine Strukturpaste in die feuchte gelbe Farbe der Haare mischen und diese mit dem Pinsel stukturieren.

4. Posaune und Heiligenschein bekommen einen Verlauf von Gelb nach Orange. Die Farben Nass-in-Nass ineinander ziehen, um sanfte Übergänge zu erzielen.

5. Nun den noch weißen Bildrand mit Leicht-Strukturpaste gestalten. Die Paste mit dem Malmesser auftragen. Durch Kratzen, Schaben und Spachteln unruhige Akzente setzen. Solange die Paste noch geschmeidig ist, lässt sich durch das Beimischen von mittelblauer Farbe ein Übergang zum blauen Himmel erzielen. Auch Wischer mit dem Pinsel beleben, sie sollten aber immer spontan und leicht wirken. Diese Technik eventuell vorher auf Papier ausprobieren.

6. Den blauen Himmel jeweils am äußeren Rand mit Schneeflocken ausschmücken. Dafür mit dem Zahnstocher weiße Pünktchen auftupfen. Alles trocknen lassen.

7. Zum Schluss das komplette Bild mit Acryllack überziehen.

8. Flitter in Hellblau und Gold mischen und in den feuchten Lack streuen. Überschüssigen Flitter nach dem Trocknen vorsichtig abklopfen.

Material

- Keilrahmen, 40 cm x 40 cm
- Marabu-BasicAcryl in Mittelblau, Hellblau, Arktis, Orange, Gelb, Zitron, Weiß, Milchkaffee
- Marabu-Leicht-Strukturpaste
- Marabu-Strukturpaste, feinkörnig
- Malmesser, Zahnstocher
- Pinsel, Größe 4, 12, 20
- Durchschreibepapier in Blau
- Acryllack, transparent, seidenmatt
- Flitter ultrafein in Hellblau, Gold
- Grundmaterial (siehe Seite 4 und 6)

Vorlage 4, Bogen A

Ein silberner Hauch

1. Den äußeren Rand des Keilrahmens etwa 3 cm breit im Farbton Sand gestalten. Die Rahmenaußenkanten in der gleichen Farbe bemalen.

2. Die Innenfläche der Bildvorderseite in einem hellen Grauton (gemischt aus 10% Schwarz und 90% Weiß) ausmalen. Dabei in den sandfarbenen Rand hineinmalen. Mit nassen Farben lassen sich sanfte Übergänge erzielen. Trocknen lassen.

3. Den Schriftzug vom Vorlagenbogen mit Hilfe von Transparentpapier und Durchschreibepapier auf die untere Bildhälfte übertragen (siehe hierzu auch Grundkurs auf Seite 6).

4. Den bestehenden Grauton des Hintergrundes um die Buchstaben herum mit Weiß aufhellen, damit sich der Schriftzug vom Hintergrund abhebt.

5. Den Engel vom Vorlagenbogen auf die obere Bildhälfte übertragen und gemäß Abbildung ausmalen: Für die Hautbereiche einen Mischton aus Sand, etwas Weiß und Kirschrot anmischen. Die Konturen mit wässrig angemischtem Pariserblau gestalten. Auch die Haare werden zunächst aquarellartig angelegt. Einzelne Haarsträhnen mit purem Pariserblau nachziehen. Das Gesicht mit einem feinen Pinsel gemäß Abbildung aufmalen.

6. Die Modellierpaste mit weißer Farbe mischen und das Kleid und die Flügel fleckig ausspachteln. In die Flügel zusätzlich einige Federn malen. Solange die Farbe des Kleides feucht ist, mit dem Spachtel nach Belieben schwungvolle Falten in das Kleid ziehen. Das Oberteil des Kleides mit einem Mischton aus Pariserblau und Weiß grundieren. Den Faltenwurf des Kleides und die Flügelkonturen mit Pariserblau hervorheben.

7. Nach dem Trocknen die Flügel stellenweise mit Anlegemilch bestreichen und das Blattmetall gemäß Herstellerangaben aufbringen. Nach dem Trocknen überschüssiges Metall mit einem trockenen Pinsel abreiben.

8. Das trockene Bild mit transparentem Acryllack überziehen. Nach Belieben einen Hauch Flitter in den feuchten Lack streuen.

Material

- Keilrahmen, 40 cm x 40 cm
- Marabu-Modellierpaste
- Marabu-BasicAcryl in Weiß, Schwarz, Sand, Pariserblau, Kirschrot
- Spachtel
- Blattmetall in Silber, Anlegemilch
- Acrylmalpinsel, Größe 4, 10, 14
- Flitter ultrafein in Gelb
- Acryllack, transparent
- Grundmaterial (siehe Seite 4 und 6)

Vorlagen 5 a und b, Bogen B

Herzige Liebesbotin

1. Die gesamte Leinwand mit dem breiten Pinsel in der Hintergrundfarbe bemalen (hierfür Hellgrün und Weiß 1 : 1 mischen). Beim Bemalen von unten nach oben arbeiten: Durch die wiederholte Zugabe von Weiß den Grünton allmählich aufhellen. Die Farben Nass-in-Nass vermalen, um sanfte Übergänge zu erzielen.

2. Nach dem Trocknen die Außenkontur der Engelsfigur vom Vorlagenbogen auf die Leinwand übertragen (siehe Grundkurs auf Seite 6). Das Herz vom Vorlagenbogen mehrfach um den Engel herum anordnen.

3. Engel und Herzen weiß grundieren, um die Leuchtkraft der Farben zu erhöhen. Falls die Farbe beim ersten Auftrag nicht vollständig deckt, eine zweite Schicht auftragen. Trocknen lassen.

4. Die Innenlinien für Arme, Gesicht und Haare vom Vorlagenbogen auf den Engel übertragen. Die Figur ausmalen: die Flügel in Pink, die Hautbereiche im Farbton Milchkaffee. Arme und Gesicht mit einer wässrigen Mischung aus Milchkaffee und Magenta mit dem feinen Pinsel konturieren. Damit auch Lippen und Näschen gestalten. Die Augen gemäß Abbildung aufmalen.

5. Die Haare zuerst flächig in Orange anlegen, dann mit einem hellen Orangeton (Orange und Weiß) und einem dunkleren Ton (Orange und Magenta) stukturieren. Die Schleife in Mittelblau aufmalen. Das Kleid mit wässrigem Mittelblau modellieren, die Büste betonen. Die Schuhe in hellem Orange gestalten. Trocknen lassen.

6. Die Linien für das Herz und die Arme vom Vorlagenbogen noch einmal auf ein separates Stück Transparentpapier durchzeichnen. Dieses auf die Serviette legen und mit Hilfe des Durchschreibepapieres darauf übertragen. Die drei Herzfragmente aus der Serviette ausschneiden, die beiden unteren, unbedruckten Lagen abziehen und die bedruckten Teile mit Serviettenkleber auf dem Bild anbringen.

7. Die Montage der übrigen gestreiften Herzen erfolgt ebenso. Weitere Herzen in Kirschrot, Magenta und Hellgrün anlegen.

8. Wer will, trägt stellenweise Acryllack auf und bestreut diese Bereiche mit Flitter. Überschüssigen Flitter nach dem Trocknen abklopfen. Zum Schluss das ganze Bild mit einer Schicht Acryllack überziehen.

Material

- Keilrahmen, 30 cm x 70 cm
- Marabu-BasicAcryl in Weiß, Orange, Pink, Kirschrot, Hellgrün, Milchkaffee, Mittelblau, Magenta
- Flitter ultrafein in Pink
- Streifenserviette (von Braun & Company)
- Marabu-Servietten-Lack & Kleber
- Acryllack, transparent
- Pinsel, Größe 4, 12, 22
- Grundmaterial (siehe Seite 4 und 6)

Vorlage 6 a und b, Bogen C

Himmlische Ruhe

1. Zunächst die Leinwand farbig gestalten. Den Rand schwarz streichen. Hauptfarbe für den Hintergrund ist Sand. Damit die ganze Vorderseite der Leinwand einfärben. Mit den Farbtönen Terracotta und Elfenbein jeweils auf einem Pappteller Zwischentöne anmischen und nach Belieben mit der Grundfarbe auftragen. Es soll ein homogener, nicht zu fleckiger Hintergrund entstehen.

2. Den schwarzen Rand unregelmäßig etwas in das Bild hineinlaufen lassen. Die Übergänge mit dem Pinsel vermischen, solange die Farben noch feucht sind. Anschließend alles trocknen lassen.

3. Das Engelmotiv mit Hilfe von Transparentpapier und Durchschreibepapier auf die Leinwand übertragen (siehe auch Grundkurs auf Seite 6).

4. Schwarze Farbe flüssig anrühren und die Linien mit einem feinen Pinsel sorgfältig nachziehen. Trocknen lassen.

5. Die Blätter mit Anlegemilch bestreichen (den hierzu verwendeten Pinsel sofort im Anschluss mit Seife ausspülen!). Das Blattmetall gemäß Herstellerangaben auf die noch klebrige und feuchte Anlegemilch auftragen.

6. Nach dem Trocknen das überschüssige Gold mit einem trockenen Pinsel abreiben.

7. Das Bild zum Schutz mit transparentem Acryllack überziehen. Dabei die mit Gold gestalteten Bereiche aussparen.

8. Zum Schluss Goldflitter sparsam in den feuchten Lack streuen. Trocknen lassen.

Tipp: *Bürsten Sie überschüssigen Goldstaub über einer Schachtel ab. Er kann für andere Zwecke wieder verwendet werden.*

Material

- *Keilrahmen, 40 cm x 40 cm*
- *Marabu-BasicAcryl in Schwarz, Elfenbein, Terracotta, Sand*
- *Flitter ultrafein in Gold*
- *Blattmetall in Gold, Anlegemilch*
- *Pinsel, Größe 4, 24 mit Spitze*
- *Acryllack, transparent*
- *Grundmaterial (siehe Seite 4 und 6)*

Vorlage 7, Bogen C

Elegantes Duo

1. Die Holzkörper von allen Seiten in Schilf bzw. Arktis grundieren. Trocknen lassen.

2. Die vordere Fläche mit Lineal und Bleistift in 1 cm breite, senkrechte Streifen unterteilen. Dabei jedoch nur am oberen und unteren Rand Markierungspunkte setzen.

3. Vom Malerband jeweils 17 cm lange Stücke ablösen und auf die Schneideunterlage kleben. Mit dem Cutter in 1 cm breite Streifen schneiden. Die Streifen ablösen und den Markierungen entsprechend auf die Vorderseiten der Holzkörper kleben (dabei jeden zweiten Streifen frei lassen und auf einen geraden Verlauf achten).

4. Die freien Flächen vorsichtig im Farbton Mango bzw. Lavendel einfärben. Das Malerband nach dem Trocknen ablösen.

5. Den Engel gemäß Grundkurs auf Seite 6 auf die Holzvorderseiten übertragen und entsprechend ausmalen: das Kleid in Weiß, die Haut in Sand, das Haar in Braun und Schwarz. Das Kleid eventuell zweimal überstreichen. Augen und Mund gemäß Abbildung mit einem Zahnstocher auftupfen. Die Wangen mit dem 4er-Pinsel aufmalen.

6. Den Stern vom Vorlagenbogen auf das Moosgummi übertragen und mit dem Cutter ausschneiden. Die Negativform wird als Schablone verwendet.

7. Auf einem Pappteller die Modellierpaste mit etwas Lavendel bzw. Mango mischen, die Schablone auf dem Engel platzieren. Gut festhalten oder mit Malerband befestigen und mit der farbigen Spachtelmasse ausspachteln. Die Masse möglichst glatt aufbringen. Die Schablone sofort vorsichtig lösen und jeweils einen Muggelstein in die feuchte Masse in der Mitte des Sterns drücken (Achtung: Sitzt der Stein erst einmal in der Masse, kann die Position nicht mehr korrigiert werden, ohne den Stern zu zerstören!). Den Stern je nach Schichtdicke 2–5 Stunden trocknen lassen.

8. Die getrocknete Modellierpaste mit Schleifpapier glätten.

9. Die Engelflügel dünn mit Anlegemilch bestreichen. Solange die Anlegemilch noch klebrig und feucht ist, das Blattmetall gemäß Herstellerangaben auflegen. Nach dem Trocknen überschüssiges Gold mit einem trockenen Pinsel abreiben.

Material

- 2 Casani-Holzkörper, 15 cm x 20 cm x 6 cm
- Marabu-Modellierpaste
- Moosgummi (ca. 3 mm stark)
- Cutter, Schneideunterlage
- 2 Glasmuggelsteine in Perlmutt
- Blattmetall in Gold, Anlegemilch
- Marabu-BasicAcryl in Schilf, Mango, Sand, Lavendel, Arktis, Schwarz, Hellbraun
- Malerband, Lineal, Zahnstocher, Schleifpapier
- Acrylmalpinsel, Größe 4, 10, 14)
- Spachtel (Spachtelblatt ca. 6 cm lang)
- Grundmaterial (siehe Seite 4 und 6)

Vorlage 8, Bogen C

Süßer Schutzengel

1. Den Engel vom Vorlagenbogen auf das Transparentpapier durchzeichnen, dann mit Hilfe von Durchschreibepapier auf die Leinwand übertragen (siehe Seite 6).

2. Den Hintergrund deckend in Arktis gestalten. Einen Hautton aus Milchkaffee und etwas Magenta mischen und alle Hautbereiche ausmalen. Dabei können die Handlinien und die Innenlinien des Gesichtes erst einmal überstrichen werden.

3. Nach dem Trocknen den Hautton weiter abdunkeln, dazu etwas Magenta in die Farbe mischen. Mit diesem Farbton die Konturlinien und die Schattenbereiche unter dem Pony gestalten.

4. Die Gesichtszüge erneut übertragen und mit einem feinen Pinsel aufmalen. Die Farbe soll trocken sein. Der dunkle Ton der Augen entsteht aus einer Mischung aus Mittelblau und Sand.

5. Die Haare in Sand anlegen. Einzelne Strähnen mit Hellbraun konturieren. Die Haare teilweise mit Mittelgelb aufhellen, mit Elfenbein Lichter setzen. Mit Elfenbein werden auch die Glanzlichter auf dem Körper und im Gesicht gestaltet.

6. Die Flügel in Weiß ausmalen und mit Akzenten in Mittelblau strukturieren. Durch eine feine, mittelblaue Kontur trennen sie sich besser vom Hintergrund.

7. Das Herzchenmuster des Hintergrundes mit wässrig angemischtem Mittelblau aufmalen.

8. Den Vordergrund des Bildes ebenfalls in Mittelblau bemalen. Mit Weiß in die feuchte Farbe hineinmalen und die Fläche mit einem breiten Pinsel gestalten. Die Falten der Wolke mit einer Mischung aus Mittelblau und Schwarz betonen.

9. Nach dem Trocknen mit Bastelkleber direkt aus der Tube eine Randlinie ziehen und den feuchten Kleber mit Flitter bestreuen. Überschüssigen Flitter abklopfen.

10. Nach dem Trocknen das Bild nach Belieben mit Acryllack überziehen.

Material

- Keilrahmen, 30 cm x 30 cm
- Marabu-BasicAcryl in Arktis, Weiß, Elfenbein, Mittelblau, Magenta, Milchkaffee, Sand, Mittelgelb, Hellbraun, Schwarz
- Bastelkleber
- Flitter ultrafein in Hellblau
- Pinsel, Größe 4, 12, 16
- Acryllack, transparent
- Grundmaterial (siehe Seite 4 und 6)

Vorlage 9, Bogen D

Im siebten Himmel

1. Das Styroporherz rot grundieren und trocknen lassen. Mit Bastelkleber bestreichen und mit einer Mischung aus rotem, pinkfarbenem und blauem Flitter bestreuen. Erneut trocknen lassen.

2. Den Keilrahmen vollständig, auch die Außenkanten, mit den Hintergrundfarben gestalten: das rechte Drittel in Ultramarinblau dunkel, die linke Seite in Hellblau. Den Bereich dazwischen in Mittelblau anlegen. Dann mit dem breiten Borstenpinsel hin und her streichen, bis sich die Übergänge verwischen. Wer will, legt Farbschichten in unterschiedlichen Blautönen übereinander, die untere Schicht kann für diesen Effekt noch feucht sein.

3. Nach dem Trocknen der Farbe das Engelmotiv vom Vorlagenbogen mit Hilfe von Transparentpapier und Durchschreibepapier auf den Rahmen übertragen (siehe Grundkurs auf Seite 6). Wird der Engel auf der hellen Seite platziert, braucht der Untergrund nicht weiß grundiert zu werden. Eventuell dann für eine bessere Deckkraft der Farben beim Ausmalen zwei Farbschichten übereinander legen.

4. Den Engel gemäß Abbildung gestalten: das Kleid in Lavendel und Violett (dabei die Herzen frei lassen!), Schuhe und Haarspangen in Kirschrot, die Beine in Saftgrün, die Flügel in Weiß, die Haare in Hellbraun und den Hautton in Sand. Die einzelnen Farbflächen immer satt mit Farbe ausmalen.

5. Wenn der Untergrund getrocknet ist, Augen, Mund und Nase mit dem 4er-Pinsel anlegen. Die hellbraunen Haare mit einem wässrig angerührten Schwarz strukturieren. Alles trocknen lassen.

6. Die Rückseite des Styroporherzes mit dem Cutter etwas abflachen, das Herz dann mit Bastelkleber in der rechten oberen Bildecke anbringen.

7. Die Engelflügel auseinander schneiden und beidseitig neben dem Herz aufkleben. Liegend trocknen lassen.

8. Im dunklen Bereich des Hintergrundes mit Bastelkleber einen Stern aufmalen und mit Flitter in Gold bestreuen. Auf die gleiche Weise die ausgesparten Herzen auf dem Kleid des Engels gestalten.

Material

- Keilrahmen, 30 cm x 40 cm
- Styroporherz (ca. 5 cm hoch)
- Marabu-BasicAcryl in Sand, Hellbraun, Kirschrot, Saftgrün, Ultramarin dunkel, Mittelblau, Hellblau, Violett dunkel, Lavendel, Weiß, Schwarz
- Engelflügel aus Naturfedern (5 cm breit)
- Flitter ultrafein in Rot, Pink, Blau, Gold
- breiter Borstenpinsel (ca. 10 cm)
- Acrylmalpinsel, Größe 4, 8, 12
- Cutter, Bastelkleber
- Grundmaterial (siehe Seite 4 und 6)

Vorlage 10, Bogen D

Lustiger Engelsreigen

1. Beziehen Sie zwei der vier Leinwände mit der Streifenserviette. Dazu von den Servietten die beiden unteren, unbedruckten Papierschichten abziehen. Die Leinwände (Außenkanten nicht vergessen!) mit Serviettenlack bestreichen und die bedruckten Serviettenschichten auflegen. Über der Serviette mit dem Pinsel eine weitere Lackschicht auftragen.

2. Nach dem Trocknen das Engelmotiv vom Vorlagenbogen auf die gestreiften und die beiden unbearbeiteten Rähmchen übertragen, wie im Grundkurs auf Seite 6 beschrieben. Dabei die Position der Arme variieren.

3. Die Kleider der Engel nach Abbildung oder Belieben bemalen oder in Serviettentechnik bekleben, wie in Schritt 1 beschrieben. Die Formen vorher auf die Servietten übertragen. Die Flügel in Weiß, die Hintergründe der unbemalten Rähmchen in Pink und Bordeaux gestalten. Nach dem Trocknen mit einem Wattestäbchen Punkte daraufsetzen oder mit Buntstift und Lineal ein zartes Karomuster ziehen. Gesichter, Arme und Beine in Hautfarbe ausmalen und nach dem Trocknen mit lilafarbenem Buntstift konturieren.

4. Die Augen werden mit einem Zahnstocher aufgepunktet, die Bäckchen mit rosafarbenem Buntstift aufgemalt. Nasen und Münder mit verdünntem Magenta gestalten.

5. Für die Haare einzelne Lurexfasern bündeln und mittig mit Karoband abbinden. Mit Bastelkleber auf den Köpfen anbringen.

6. Das Holzherz weiß grundieren und nach dem Trocknen mit Serviettenpapier überziehen (siehe Schritt 1). Das Herz nach Belieben auf ein Kleidchen kleben oder auf dem Hintergrund platzieren.

Tipp: *Diese vier Engelchen können nur eine Anregung sein. Mit unterschiedlichen Servietten und Farben lassen sich ganze Heerscharen von Engeln anfertigen – ein ideales Geschenk oder Mitbringsel.*

Material

- 4 Keilrahmen, 10 cm x 10 cm
- Marabu-BasicAcryl in Hautfarbe, Bordeaux, Azurblau, Pink, Weiß, Magenta
- Buntstifte in Lila, Rosa
- gestreifte Servietten (Stewo)
- Marabu-Servietten-Lack & Kleber
- Lurexfaser in Lila
- Bastelkleber
- Dekoband in Schwarz-Weiß kariert
- Acrylmalpinsel. Größe 4, 6
- Holzherz, ca. 2 cm hoch
- Wattestäbchen, Zahnstocher
- Grundmaterial (siehe Seite 4 und 6)

Vorlage 11, Bogen D

Lichterengel mit Schäfchen

1. Das Engelmotiv vom Vorlagenbogen auf die Leinwand übertragen, wie im Grundkurs auf Seite 6 beschrieben.

2. Alle Linien außer Gesicht, Lämmchen und Hände mit schwarzer Farbe und einem feinen Pinsel nachziehen. Trocknen lassen.

3. Nun den Hintergrund gestalten: Dabei die gelbe Farbe bis dicht an die Kontur heranmalen. Auf die gleiche Weise die Wolken in Zartblau ausmalen.

4. Für die Struktur der Wolken etwas Magenta und Zartblau mischen. Das Oberteil des Kleides in Lavendel, den Rock im Farbton Wildrose ausmalen. Gemäß Abbildung mit Magenta und Weiß abschattieren. Die Flügel in Magenta, den Stern im Haar in Kirschrot gestalten.

5. Für den Hautton die Farbe Sand mit etwas Weiß mischen. Gesicht, Arme und Füße damit ausmalen. Die Bäckchen im Farbton Wildrose auf die nasse Farbe tupfen. Die Haare in Sand ausmalen. Für das Schäfchen Weiß und etwas Wildrose mit Wasser mischen und auftragen. Das Gesicht des Engelchens und des Schäfchens sowie die feinen Konturen der Hände mit einem feinen Pinsel gestalten.

6. Für die Lichterkette mit dem Cutter zehn Kreuzschlitze in die Leinwand schneiden. Die Lämpchen montieren, wie im Grundkurs auf Seite 7 beschrieben.

7. Auf die blauen Wolken mit dem Zahnstocher weiße Schneeflocken auftupfen. Die Flügel stellenweise mit Bastelkleber betupfen und sofort Flitter aufstreuen. Überschüssigen Flitter nach dem Trocknen vorsichtig abklopfen.

Tipp: *Für eine hübsche Farbvariante gestalten Sie den Hintergrund in Smaragd (Mischung aus Grün und Blau) und wählen für das Wolkenkleid einen Blauton. Je nach Belieben können Sie die einzelnen Flächen mit Mustern aufpeppen oder in Serviettentechnik verschönern. Für Punktemuster einen Zahnstocher verwenden, der in die Farbe eingetaucht wird.*

Material

- *Keilrahmen, 30 cm x 30 cm*
- *Lichterkette in Weiß (mit 10 Lämpchen)*
- *Marabu-BasicAcryl in Weiß, Wildrose, Magenta, Mittelgelb, Zartblau, Lavendel, Schwarz, Sand, Kirschrot*
- *Acrylmalpinsel, Größe 4, 10, 14*
- *Cutter, Zahnstocher*
- *Bastelkleber*
- *Flitter ultrafein in Fuchsia*
- *Grundmaterial (siehe Seite 4 und 6)*

Vorlage 12, Bogen D

Impressum

Entwürfe und Realisation: Kristiana Heinemann
Redaktion: Erika Schuler-Konietzny
Lektorat: Katja Rötzer
Fotos und Styling: Oswald Visuelle Medien
Umschlaggestaltung: Stefan Hagen
Entwurf und Illustration „Klipp-Klapper":
Stefan Hagen
Layout und Produktion: buchkonzept@web.de
Druck und Verarbeitung: J. P. Himmer, Augsburg

ISBN 3-89858-756-8

© 2005 im OZ Verlag GmbH, Rheinfelden
Buchverlag OZ creativ, Freiburg
Alle Rechte vorbehalten

Herstellerverzeichnis

Farben und Lacke:
Marabuwerke GmbH & Co.
Asperger Str. 4
71732 Tamm
www.marabu-kreativ.de

Creativ-Hotline
Wir sind für Sie da!
**Montag bis Freitag
von 10.00 bis 16.00 Uhr
unter der Rufnummer:
07623/96 44 17**

Farbauswahl **Marabu-BasicAcryl**

271 Elfenbein	222 Vanille	029 Hautfarbe	221 Mango	020 Zitron	019 Gelb	021 Mittelgelb	013 Orange
030 Zinnober-rot hell	031 Kirschrot	032 Karminrot	004 Granatrot	034 Bordeaux	231 Wildrose	033 Pink	014 Magenta
007 Lavendel	051 Violett dkl.	291 Arktis	090 Hellblau	056 Cyan	095 Azurblau	052 Mittelblau	257 Royalblau
055 Ultramarin-blau dkl.	053 Dunkelblau	058 Pariserblau	259 Antikblau	091 Karibik	062 Hellgrün	067 Saftgrün	068 Dunkelgrün
075 Tannengrün	065 Olivgrün	266 Antikgrün	276 Schilf	061 Reseda	245 Milchkaffe	042 Sand	047 Hellbraun
040 Mittelbraun	045 Dunkel-braun	008 Terracotta	278 Hellgrau	070 Weiß	073 Schwarz	782 Metallic-Silber	784 Metallic-Gold